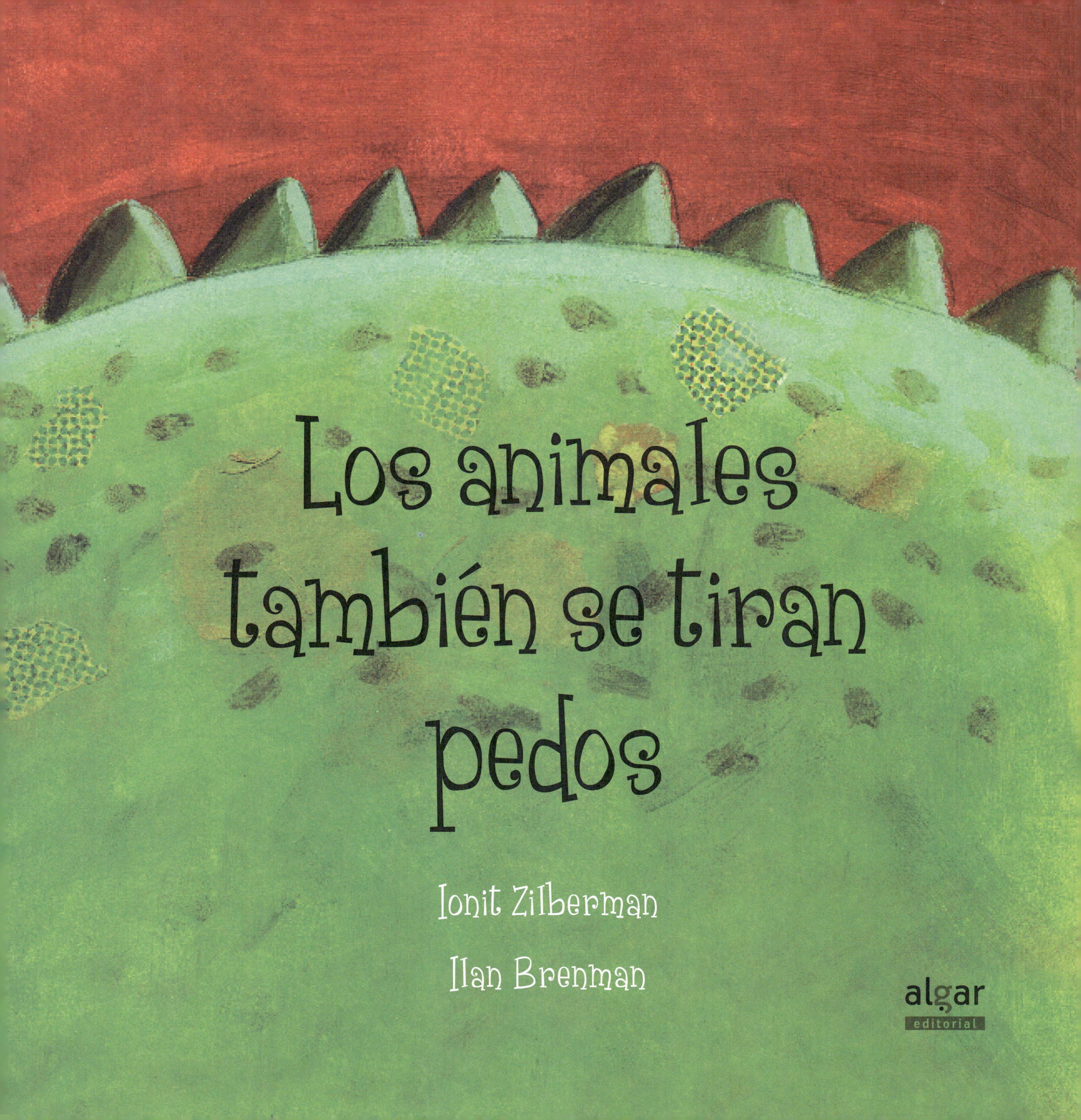

Los animales también se tiran pedos

Ionit Zilberman

Ilan Brenman

algar editorial

Licencia editorial por cesión de Edicions Bromera, SL (www.bromera.com).

Título original: *Pai, todos os animais soltam pum?*
© Ilan Brenman, 2009
Traducción: Josep Franco Martínez, 2012
© Dibujos: Ionit Zilberman, 2009
© Algar Editorial, SL
Apartado de correos, 225 - 46600 Alzira
www.algareditorial.com
Primera edición de Brinque Book, Brasil, 2009.
Publicada por acuerdo con Adriana Navarro Literary Agency, España
Impresión: Índice, SL

1ª edición: mayo, 2012
3ª edición: diciembre, 2017
ISBN: 978-84-9845-437-6
DL: V-1331-2012

Para Tali, Lis e Iris, fuentes inagotables de inspiración y de amor

I. B.

A Odilon, por sus valiosos consejos
A mi amiga Olivia, por ser tan grande aunque sea tan pequeña.

I. Z.

60 INCH
FIBER - GLASS

Laura ya había crecido y su curiosidad era cada vez mayor.

–Papá, ¿todos los animales se tiran pedos?

Su padre recordó las dudas de su hija sobre las princesas que se tiraban pedos.

Aquella vez, la pregunta era mucho más fácil.

Puso cara de hombre sabio y dijo:

–¡Casi todos!

–¿Las lombrices se tiran pedos?

Su padre imaginó una lombriz que, después de haberse comido un buen bocado de tierra, se esforzaba para tirarse un pedo.

–Creo que no, hija. Las lombrices no se tiran pedos.

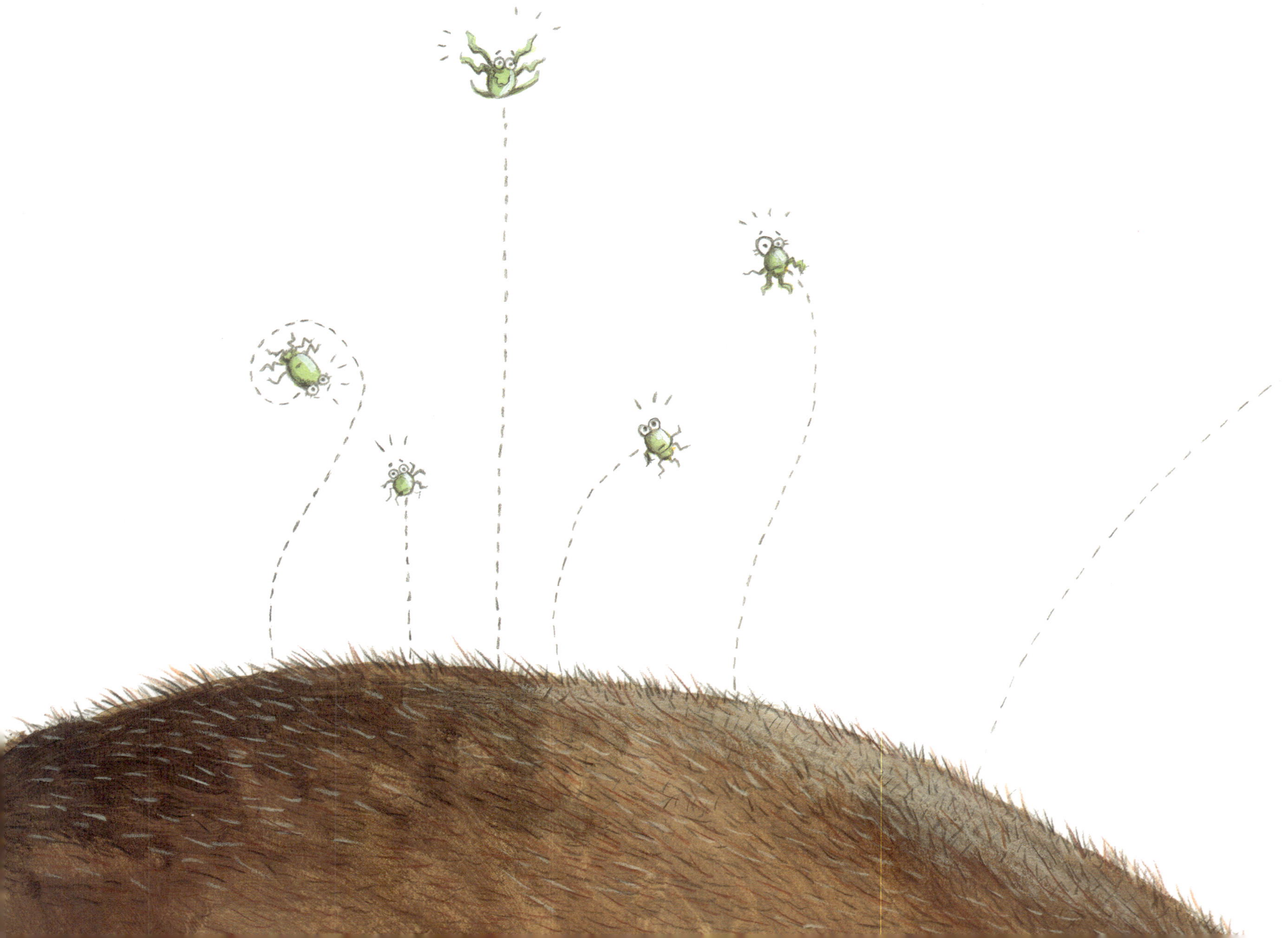

–Y las pulgas, ¿se tiran pedos?
Su papá ya empezaba a arrepentirse de haber dicho que casi todos los animales se tiran pedos. No podía imaginar una pulga saltarina con gases.
–Creo que las pulgas tampoco se tiran pedos, hija.

–Y, papá, ¿las mariposas y los delfines se tiran pedos?

El papá de Laura recordó aquella vez que estuvo nadando entre delfines en la playas de Fernando de Noronha. No recordaba haber visto ninguna burbuja de aire que saliera del culo de los delfines.

–Hija, los delfines son mamíferos como nosotros, por eso dan de mamar a sus crías, pero no sé si también se tiran pedos.

–¿Y las mariposas, papá?

El papá creía que Laura se había olvidado de las mariposas.

–Yo creo que si una mariposa se tirara un pedo, explotaría en mil pedazos.

Aquella imagen les hizo reír a carcajadas.
Pero, después del ataque de risa, Laura volvió a preguntar:

–Y los dinosaurios, ¿se tiraban pedos?

El papá imaginó un tiranosaurio que acababa de devorar un pobre animal indefenso. Se tocó la barriga e imaginó el ruido que debían de hacer los pedos de los tiranosaurios.

–Hija, creo que sí, que los dinosaurios se tiraban pedos.

–Y las ovejas y las vacas, ¿también se tiran pedos?

Al oír aquella pregunta, su papá se levantó, puso cara de profesor sabelotodo y dijo:

–Las ovejas y las vacas se tiran tantos pedos que hacen que aumente el efecto invernadero.

–No comprendo qué quieres decir –le respondió su hija.

El papá cogió un cuaderno y un lápiz y se puso a dibujar para su hija.
–Los pedos son el nombre vulgar que damos a un gas llamado metano, que es uno de los responsables del calentamiento global del planeta –dijo, muy orgulloso por todo lo que sabía.

—¿Quieres decir que los gases que salen de los culos de las vacas y de las ovejas son los culpables de la desaparición de los casquetes polares?

Su papá se quedó con la boca abierta al oír la pregunta de Laura.

–¿Cómo sabes tú lo de los casquetes polares?

–Papá, nos lo ha explicado la maestra, en el colegio.

–¿Y también os ha dicho que el calentamiento global del planeta es el fruto de la polución que nosotros tiramos al aire todos los días?

–Por supuesto,
papá.

Laura sacó pecho. Ahora, era ella la que ponía cara de sabelotodo. Abrazó a su papá, lo besó en la frente y le dijo:

–¡Cuánto te quiero, papá!

Su papá notó cómo enrojecían sus mejillas, miró cómo su hija salía de la sala, pensó en cuál sería la próxima pregunta que le haría y dijo, en voz alta:

–Será mejor que vaya a la biblioteca a estudiar un poco.